WASHINGTON LASTARRIA

INGÉNIEUR DES MINES

PROFESSEUR DE MINÉRALOGIE A L'UNIVERSITÉ DE SANTIAGO

L'INDUSTRIE MINIÈRE

AU CHILI

PARIS

A LA LÉGATION DU CHILI

1890

L'INDUSTRIE MINIÈRE

AU CHILI

PARIS

IMPRIMERIE ROGER ET CHERNOVIZ

7, rue des Grands-Augustins, 7

WASHINGTON LASTARRIA

INGÉNIEUR DES MINES

PROFESSEUR DE MINÉRALOGIE A L'UNIVERSITÉ DE SANTIAGO

L'INDUSTRIE MINIÈRE

AU CHILI

PARIS

A LA LÉGATION DU CHILI

1890

L'INDUSTRIE MINIÈRE
AU CHILI

CONSIDÉRATIONS GÉNÉRALES

I

L'immense collection minéralogique exposée par le Chili dans son pavillon du Champ-de-Mars a attiré l'attention et prouvé combien ce pays est riche sous le rapport des produits miniers. Cette circonstance nous a engagé à rassembler les renseignements suivants sur les richesses minérales du Chili.

Le Chili est un pays long et étroit, situé sur la côte occidentale de l'Amérique du Sud ; il est resserré entre l'Océan Pacifique et la Cordillère des Andes, qui forment deux lignes sensiblement parallèles : la côte et la ligne des montagnes. Cette étroite bande suit approximativement l'orientation du Nord au Sud, et est toute couverte des ramifications des Cordillères.

Les Cordillères du Chili, si elles forment bien par elles-mêmes le cercle stratigraphique andin proprement dit, offrent de plus cette particularité d'être traversées, dans le territoire même, par trois autres systèmes, produisant comme un véritable réseau. Au premier sont dues les hautes cimes de la chaîne des Andes, qui atteignent jusqu'à 6,835 mètres, ainsi que les crevasses profondes qui la divisent en un nombre considérable de massifs ; c'est la longue série des hautes cimes qui marquent la direction générale du système andin, tandis que les ramifications qui s'en détachent représentent les autres systèmes stratigraphiques qui s'y entrecroisent.

Le système andin proprement dit est divisé en deux Cordillères principales, que dans le pays on appelle : « Cordillère de la Côte » et « Cordillère des Andes. » Elles enserrent entre elles la vallée centrale, qui, dans la partie septentrionale, se trouve constamment interrompue par les nombreux contreforts unissant les deux Cordillères ; néanmoins, elle reste toujours bien marquée, depuis le désert d'Atacama, par de petites vallées et par la dépression des chaînes transversales jusqu'au 33° de latitude Sud. A partir de ce point, elle s'ouvre entre les deux Cordillères comme une immense crevasse, qui va en s'élargissant vers le Sud et forme une vallée étendue, dans laquelle se trouvent les principales villes et une des régions les plus importantes pour l'agriculture.

La Cordillère des Andes forme une chaîne ininterrompue de montagnes, des plus élevées et des plus escarpées du globe terrestre, et c'est elle qui caractérise vraiment le système Andin. La Cordillère de la Côte, qui se rattache à ce même système, ne présente pas, comme la précédente, une ligne continue de sommets, mais sa direction générale est celle du système Andin ; cette Cordillère offre des pentes douces et des formes généralement arrondies, avec de longs massifs aux lignes ondulées. Elle s'élève jusqu'à 2,000 mètres et, généralement, se relie à la Cordillère des Andes par des chaînes transversales et, dans quelques parties, comme dans les provinces de Coquimbo et d'Aconcagua, les deux Cordillères se confondent en une seule.

Le relief particulier qui caractérise le sol du Chili est

dû principalement aux roches plutoniques, qui apparaissent dès les temps les plus reculés jusqu'aux temps
modernes ; tels sont les volcans des Andes, dernière manifestation des forces intérieures qui ont modifié la configuration du sol. Les forces éruptives ont été très puissantes,
se succédant les unes aux autres et contribuant ainsi en
grande partie à donner à la chaîne des Andes son caractère
spécial, avec ses masses vraiment imposantes, qui font du
Chili, sous ce point de vue, un pays tout particulier et
exceptionnel. A des hauteurs extraordinaires se présentent des terrains stratifiés où, même sur les cimes des
Andes, on voit de longs bancs qui, par les coquillages qui
s'y trouvent, démontrent, sans doute possible, leur formation originaire au fond des mers.

Les roches éruptives les plus anciennes sont les granites et les gneiss, et l'on voit de longues couches de
granite porphyrique traversées par d'énormes bancs de
granite à grain fin ; à la suite des granites, on trouve la
syénite et, successivement, les porphyres, les trachytes,
les phonolithes et jusqu'à la succession complète des
roches volcaniques, depuis les plus anciennes jusqu'aux
contemporaines.

II

Si les couches stratifiées sont puissantes au Chili, elles
s'y trouvent coupées très souvent par de grandes formations plutoniques. Ces formations stratifiées sont non
seulement puissantes, mais encore variées à l'infini, et on
peut les classer en sept grandes divisions qui, d'après
leur ancienneté, sont : les schistes cristallisés ; les schistes
carbonifères ; les sables rouges ; les argiles et les bancs de

plâtre ; la grande formation des calcaires ; les argiles contenant les lignites, et enfin les grands bancs de coquilles pétrifiées.

Cet ensemble de formations, dues à différentes époques, constitue en somme le système orographique du Chili, divisant le pays en deux chaînes principales qui s'étendent parallèlement du Nord au Sud, séparées par la vallée centrale et longitudinale, et c'est sur cette double ligne que se trouvent les principales mines du Chili.

La Cordillère de la Côte est principalement caractérisée, dans la partie Sud du Chili, par la formation des schistes cristallisés, comprenant toutes les roches connues sous le nom de gneiss, de schiste micacé, de lépidolite nacrée, de quartz, d'ardoise et enfin de silex. Toutes ces couches arrivent jusqu'à la vallée centrale et constituent, soit seules, soit associées aux granites et aux syénites, la partie Sud et centrale de la Cordillère de la Côte. Vers le Nord, elle devient de plus en plus étroite et ne s'y manifeste plus que par des tronçons, plus ou moins réduits, au milieu des formations tertiaires qui caractérisent la partie septentrionale de cette Cordillère. Là dominent les porphyres, les feldspaths et les augites, qui se présentent en grandes masses et aussi en couches stratifiées et en partie métamorphiques ; les roches granitiques continuent néanmoins à donner la configuration générale de la ligne de la côte.

Dans la partie septentrionale du Chili et dans les versants de l'Est de la Cordillère de la Côte, on remarque de grands morceaux de terrains stratifiés calcaires, qui partent de la vallée centrale, se continuent en petites zones dans la Cordillère de la Côte même, pour arriver au Nord en couches puissantes. Cette formation calcaire se divise en deux branches : l'une dont nous venons de parler, l'autre qu'on rencontre dans les parties les plus hautes de la Cordillère des Andes, s'éloignant peu de la ligne des versants. Dans la branche occidentale de cette formation calcaire, on trouve des parties très importantes, telles que celles de Chañarcillo, Tres-Puntas, Caracoles et Guantajaya, remarquables par leurs riches mines d'argent. Non seulement elles sont remarquables comme étendue, mais aussi comme puissance, car, dans quelques-unes de ces mines, on est arrivé à 800 mètres de profondeur verticale, sans rencontrer aucun signe de la cessation de la formation calcaire.

Les Cordillères des Andes contiennent toutes les roches éruptives susnommées ; en certaines parties dominent les granites, en d'autres les syénites, et, en général, on rencontre les trachytes se confondant quelquefois avec les porphyres et, très souvent encore, on observe dans cette Cordillère de véritables nœuds formés d'une réunion de plusieurs de ces roches. Sur les sommets de la Cordillère des Andes on trouve des couches de sable rouge et partout les terrains stratifiés déjà cités et, en particulier, on remarque la seconde branche de la formation calcaire, qui se sépare de la précédente du Sud-Ouest au Nord-Est et qui, sans doute, forma autrefois un seul corps avec la branche occidentale. A présent, la seconde atteint les parties les plus hautes de la Cordillère des Andes et les dépasse au point de n'être presque plus séparée de la ligne des versants du côté oriental.

Si l'on étudie le sol du Chili, on voit immédiatement une véritable complication de formations, ce qui fait supposer qu'elles se sont produites successivement, pendant une longue période, et en même temps avec une intensité extraordinaire qui a produit de véritables élargissements des cercles stratigraphiques qui se croisent au Chili. Ainsi

la grande Cordillère du Chili résulte en premier lieu de
divers soulèvements qui ont eu lieu à des époques très
éloignées les unes des autres, et dont les effets, se super-
posant, ont élevé les masses énormes qui la forment à
des hauteurs considérables. Plus tard s'est produite une
dernière rupture de l'écorce terrestre, dans laquelle la
vallée longitudinale a servi comme d'axe à une immense
déchirure. Les forces intérieures, n'ayant pas été assez
puissantes pour produire une éruption ni un soulève-
ment, ont formé un affaissement de la partie occidentale
du sol, qui correspond à la Cordillère de la Côte. Ensuite
se répandirent les roches trachytiques et les formations
volcaniques produisant les dernières roches trachytiques
qui se voient près de la cime des Andes. Cette Cordillère
ayant atteint ainsi son dernier développement et les sommets les plus élevés qu'elle a à présent, survint la formation de la grande vallée longitudinale, constituée par
les parties arrachées aux Andes et entraînées par les
grands dégels. Ainsi s'explique, en définitive, la configuration actuelle du Chili, comprenant la chaîne maritime,
la vallée longitudinale et les principales crêtes des Andes
en lignes parallèles, formant l'ensemble du système stratigraphique proprement dit du Chili.

Le résultat logique de cette suite de mouvements géologiques a été de produire une quantité innombrable de
fissures, surtout dans le sens de la vallée longitudinale ;
elles ont servi de lits aux gisements métallifères de
diverses origines, qui ont trouvé par ces fissures une issue
facile, ainsi que les eaux thermales qui, comme dernière
manifestation des phénomènes volcaniques, existent en
grande abondance et dans toutes les parties du sol
chilien.

Les gisements métallifères du Chili, en général, ne

paraissent pas avoir été formées par des vapeurs de subli-
mation ; ils ne présentent aucun de leurs caractères dans
la manière dont apparaît le remplissage des veines métallifères, car les cristaux y sont excessivement rares.
D'après la structure, la composition et la plupart des
caractères qu'on remarque en général dans ces filons, on
peut en reconnaître sûrement l'origine thermale, et l'on
constate souvent que certaines émanations ont été assez
puissantes et violentes pour donner un caractère spécial
à la minéralogie et aux mines du Chili. Néanmoins, les
filons proprement dits et la distribution de leurs parties
les plus riches, suivent les lois stratigraphiques générales
connues jusqu'à ce jour et appliquées à l'industrie
minière. Ils présentent fréquemment une certaine hété-
rogénéité dans leur composition, ce qui peut s'attribuer,
soit à ce que diverses sources ont surgi à la fois dans certains cas, soit que, par la succession des soulèvements et
formations géologiques, de nouvelles ruptures se soient
produites dans le même plan que les ruptures précé-
dentes, et de nouvelles sources soient venues successivement imprégner les filons primitifs ; il y a cependant
beaucoup de filons primitifs dus à une seule source. En
général, les dépôts métallifères du Chili se rattachent à
trois époques très différentes, depuis la période paléozoïque
jusqu'à la plus moderne, et ils restent en outre en relation avec les différents types de roches plutoniques.

Les minéraux, loin de se trouver répartis au hasard,
se présentent toujours dans un certain ordre et, répartis
comme ils sont à profusion, les dépôts qui les contiennent sont d'autant plus riches en espèces qu'ils se rappor-
tent à une époque plus récente, comme nous l'avons
indiqué plus haut. D'autre part on remarque que, quant
à l'ordre de la répartition des métaux, on peut diviser le

pays en trois régions ; cependant différents dépôts sont quelquefois intercalés dans diverses régions, ce qui est dù peut-être à ce que quelques lignes et formations sont diagonales au système andin ; mais ils ne suffisent pas pour infirmer la division indiquée ci-dessus, qui peut servir de base pour classer les dépôts métallifères du Chili.

Nous considérerons comme première région la Cordillère de la Côte, c'est-à-dire la partie la plus occidentale du pays ; c'est dans cette première région qu'on trouve surtout le cuivre et l'or, toujours sans arsenic, ni antimoine, ni aucun des composés qui diminuent la valeur industrielle du cuivre ; on y trouve aussi le fer, le manganèse et le charbon fossile. Dans la partie orientale de cette Cordillère et jusqu'à la limite occidentale de la chaîne des Andes, on trouve de l'argent sans cuivre et, au moins en petite quantité, de l'or, du mercure, du plomb, du fer, du manganèse et d'autres métaux, de même que dans cette partie qui forme la seconde région on trouve au nord les grands dépôts de sels alcalins ou terreux alcalins, comme le salpêtre, le borax, le sulfate de soude, l'alun, etc. Enfin, dans la troisième région, qui est celle des Andes, on trouve les dépôts métallifères plus complexes, ainsi que presque tous les métaux connus et l'anthracite.

Après cette courte description du territoire et des trois régions dans lesquelles on peut le diviser, nous allons passer en revue les dépôts de minéraux qui s'y trouvent et parler (bien que brièvement) de la richesse minérale du Chili, ainsi qu'on en a vu la preuve par la collection considérable de minéraux envoyés à l'Exposition universelle de Paris.

PREMIÈRE RÉGION

Le cuivre. — Ce métal est celui qui caractérise la première région, non seulement par la quantité de ses espèces minéralogiques, ainsi qu'on l'a vu à l'Exposition, mais encore parce qu'il est le métal le plus abondant du Chili.

Les dépôts de cuivre de ce pays semblent tous se rattacher à la même origine, mais on peut les rapporter à deux époques différentes; les uns à l'époque des porphyres augitiques ou s'en rapprochant, les autres à celle des roches de labradorites et d'hypersténites. Ces dépôts se distinguent les uns des autres tant par leur orientation que par la nature des combinaisons que forme le cuivre.

Les dépôts les plus anciens sont ceux qui sont en relation avec les hypersténites, et on peut les reconnaître à première vue par leur orientation, qui s'étend de l'Est à l'Ouest, et aussi parce qu'ils se rapprochent toujours des roches hypersténites, ainsi que par la nature des matières qui les forment. Les gangues qui accompagnent le minerai de cuivre dans ces dépôts sont principalement le quartz, le feldspath, l'hyperstène ou l'amphibole et, dans quelques cas exceptionnels, la chaux et l'oxyde de manganèse. D'ordinaire ces dépôts sont accompagnés d'oxyde de fer, qui se trouve en grande abondance, soit en longs filons, soit en masses irrégulières.

Le minerai de cuivre qui domine dans ces dépôts est la pyrite jaune et on n'y trouve ni le cuivre natif, ni l'oxyde rouge, ni par conséquent le sulfure de cuivre seul; mais, par contre, on y trouve en abondance la pyrite de fer, qui se substitue quelquefois complètement aux pyrites de cuivre. La pyrite de cuivre et le sulfure de fer se trouvent non seulement en filons, mais aussi fréquemment dans le roc même, sous forme de petits grains, accompagnés parfois de fer magnétique. Le métal noble, qui d'habitude se trouve avec les pyrites de cuivre, est l'or, qui souvent devient le but de l'exploitation; jamais on n'y rencontre d'autres métaux, et encore moins aucune autre substance nuisible au cuivre, comme l'arsenic et l'antimoine. La majeure partie de ces dépôts appartient à la Cordillère de la Côte, et on peut assurer que le cuivre provenant de cette chaîne est parfaitement pur et d'une qualité remarquable qui a contribué, en grande partie, à placer le cuivre chilien au premier rang du marché européen.

Les dépôts de cuivre de cette subdivision sont très communs dans la Cordillère de la Côte et beaucoup d'entre eux sont exploités sur une grande échelle, depuis quelques années, avec des résultats plus ou moins satisfaisants pour les industriels. Nous nommerons, entre autres, ceux de : Antofagasta, Chañaral, Carrizal, Higüera, Brillador, Tambillos, Panulcillo, Ligua, Aculeo et tant d'autres dont nous ne nous souvenons pas. En outre, il y en a d'autres, tels que ceux de Quiles et autres, qui n'ont pas encore été exploités, bien qu'ils soient fort importants, mais à cause de leur titre peu élevé et parce que les forces industrielles du Chili ne sont pas assez développées pour une pareille exploitation.

Les dépôts de date récente sont les plus répandus dans le Chili, car l'on rencontre des vestiges de cuivre dans

tous les points où apparaissent les porphyres augitiques
et ils sont en outre répartis dans toute la superficie du
Chili, principalement aux environs des Cordillères transversales et dans les grands massifs des Andes. L'orientation de ces dépôts, en général, se dirige plutôt du Nord au
Sud et les gangues qui accompagnent le minerai sont le
jaspe coloré par les oxydes de fer et de cuivre, l'hydro-
silicate d'alumine, le porphyre et les amygdaloïdes, quelquefois le spath calcaire et, plus en profondeur, le quartz.
Dans ces dépôts se trouvent réunis d'ordinaire le cuivre
et l'or, quelquefois l'argent, le plomb, le mercure, le bismuth, le zinc, le fer, le manganèse et, parmi les métal-
loïdes, toujours le soufre, quelquefois l'oxygène et le
chlore, rarement et en petites quantités l'arsenic, plus
rarement l'antimoine, le vanadium, jamais l'étain. L'or
et l'argent qui accompagnent le cuivre se trouvent naturellement en plus grande abondance dans les parties les
plus oxydées des filons, qui en même temps sont plus pau-
vres en cuivre, par suite de l'élimination des sels solubles
de ce métal, l'or et l'argent qui existaient dès l'origine
restant intacts.

Les dépôts de cuivre de cette seconde subdivision sont
plus nombreux que ceux de la précédente et on peut
dire qu'ils sont innombrables ; néanmoins nous en nommerons quelques-uns. En partant du Sud on trouve, dans
la Cordillère des Andes, des minerais d'ordinaire faible-
ment arsenicaux comme ceux de : Alico à Chillan, quelques-uns à Talca, ceux de Teno, Tinguiririca, Cauquenes,
Cachapoal, Maipo, Las Condes, Rio Blanco, etc. Dans la
Cordillère de la Côte et dans les Cordillères intermé-
diaires et transversales, ceux de Talca, Curico et Rancagua, qui sont des pyrites dont l'exploitation principale
est celle de l'or, entre autres ceux de Tiltil, Ligua, Petorca

et Las Vacas, etc. ; ceux qui s'exploitent pour le cuivre
sont ceux de Aculeo, Peralillo, Cuesta de Prado, Pol-
paico, Tiltil, Caleo, Llaillai, Catemu, Coimas, Campana,
Quillota, Putaendo, Ligua, Petorca, Choapa, Illapel,
Combarbala, Ovalle (dans ce département on en trouve
plusieurs et principalement celui de Tamaya, qui a produit les plus grandes quantités de cuivre au Chili), Andacollo, Toro, Coquimbo, Serena, Elqui, Vallenar, Huasco,
Caldera, Copiapo, Chañaral, Taltal et Paposo, Antofagasta et Tocopilla et Cobija. Dans chacun de ces départe-
ments il existe divers dépôts que nous ne nommerons pas,
afin de ne pas en allonger la liste.

Les minerais exploités jusqu'à ce jour au Chili sont
remarquables par la variété des espèces minéralogiques,
par la pureté du cuivre qu'ils produisent et par leur
teneur en cuivre qui, actuellement, varie de 7 0/0 à
25 0/0, et qui précédemment a atteint 66 0/0, ainsi qu'on
l'a vu à Tamaya pendant de nombreuses années.

L'exploitation des minerais de cuivre au Chili ne des-
cend pas au-dessous d'un titre de 7 0/0, car les ressources
industrielles existantes ne permettent pas généralement
d'exploitation de plus faible teneur. Cependant, les conditions locales du pays sont plus favorables que celles de
tout autre pour porter l'exploitation du cuivre jusqu'aux
titres les plus infimes, et les minerais de cuivre jusqu'à
7 0/0 existent avec une telle abondance qu'on peut dire,
sans exagération, qu'ils sont inépuisables.

L'exploitation des mines de cuivre se fait, au Chili, par
les moyens connus en Europe et les moyens de recherche,
de travail, d'extraction, etc., sont les moyens ordinaires.
Cependant on doit remarquer que, bien que l'exploitation
se fasse sur des minerais de titre élevé et dans des conditions locales avantageuses pour l'industrie, il n'existe

aucune grande exploitation ; cela tient à ce que cette
industrie n'a pas à sa disposition de capitaux de première
installation en quantité suffisante et, bien qu'on connaisse
parfaitement la manière de travailler, les industriels se
voient forcés d'établir leur exploitation dans des conditions trop restreintes. Toute l'industrie minière se trouve
dans la même situation que celle du cuivre, et ainsi ce
que nous disons à ce sujet peut s'appliquer à toutes les
autres exploitations minières.

Les conditions naturelles du pays se comprennent facilement d'après la courte description que nous en avons
donnée. Le pays étant très étroit, toutes ses mines sont
relativement peu éloignées de la mer, où existent de beaux
et nombreux ports ; d'autre part, la vallée centrale et les
vallées transversales rendent naturellement les transports
faciles ; ce qui manque, ce sont des routes carrossables.
Depuis quelques années, on en a commencé la construc-
tion un peu partout, mais elle se poursuit avec une certaine lenteur, et ce n'est que tout récemment que le
Gouvernement s'est décidé à étendre à travers tout le
pays des voies ferrées ; ces voies de communication facili-
teront énormément le développement de toutes les industries. Malheureusement, jusqu'à ce jour, les forces industrielles du pays ne sont pas assez puissantes pour réaliser
économiquement ces transports.

Cependant le pays, tant par son climat doux que par
ses conditions atmosphériques spéciales, donne une grande
facilité à l'industrie, aussi bien que par l'habileté et le bon
marché de la main-d'œuvre. Toutes ces conditions seraient
suffisantes pour faire atteindre un grand développement
à l'industrie minière, mais les industriels sont toujours
arrêtés par le manque de fonds de premier établissement.

Si, à la vérité, il existe un certain nombre de moteurs

à vapeur dans les principaux centres miniers, il y en a peu qui puissent développer plus de quarante chevaux de force, et aucun n'atteint la force de cent chevaux. Ces chiffres suffisent pour montrer que la force mécanique, le grand levier industriel, est bien peu développée dans le pays, et pour le moment, dans de telles conditions, on n'a rien à espérer quant à l'exploitation économique industrielle ; il est vrai que, isolément et dans des cas exceptionnels, on commence à se servir de l'air comprimé pour mouvoir quelques tarières mécaniques, mais dans aucune mine on ne rencontre d'installation mécanique complète pour une exploitation vraiment économique.

C'est ici le moment d'indiquer que de la Cordillère des Andes se détachent des cours d'eau plus ou moins considérables, et si l'on avait les capitaux nécessaires, on pourrait en profiter pour former de grandes chutes et développer une force motrice plus que suffisante pour toute l'industrie et principalement pour celle du cuivre, ce qui conduirait à l'exploitation des minerais de titre inférieur avec un profit certain, quand même le prix du cuivre tomberait à 30 £. par tonne.

La métallurgie du cuivre se fait en travaillant le minerai tel qu'il est extrait, et ce n'est que rarement qu'on lui fait subir quelque préparation mécanique. En général, on le traite par la fusion, en particulier par le système des fours à reverbère à fusions et grillages successifs, et quelquefois on remplace les fours à reverbère par le four à cuve ou à manche proprement dit, de peu de hauteur et à plusieurs tuyères ; le système Manhès et David est aussi en usage, en un seul endroit, avec des résultats satisfaisants. Les combustibles dont on se sert sont les lignites du Chili, mélangées, dans quelques cas, avec des houilles anglaises dans une proportion de 25 0/0 ;

pour les fours à manche, on se sert de coke importé
d'Europe.

Les opérations métallurgiques sont bien conduites et
parfaitement exécutées, mais, comme dans l'exploitation
des mines, l'économie industrielle laisse beaucoup à désirer, surtout quant aux fonds d'installation, toujours
rares, et les établissements s'organisent peu à peu, selon
les moyens dont les industriels peuvent disposer.

La production du cuivre au Chili suit le prix qu'il a en
Europe, ainsi que le change monétaire, et on peut dire
qu'elle ne dépend jamais de la diminution ou du manque
de force productive, mais elle obéit aux causes susmentionnées, par rapport à l'économie industrielle ; mais les
conditions naturelles du pays permettraient de produire
le double de la quantité actuelle, même en supposant le
prix du cuivre tombé à 30 £. la tonne, étant donné qu'à
ces conditions naturelles viennent se joindre les capitaux
nécessaires pour les mettre en œuvre.

Selon les chiffres de la statistique de la douane du Chili,
de 1884 à 1888, l'exportation du cuivre en barre a atteint
936,250,193 kilogrammes et, en 1876, elle a atteint
41,766,155 kilogrammes, l'année de la plus forte exportation du cuivre en barre. En 1844, alors que la métallurgie du cuivre au Chili commençait à peine, l'exportation du cuivre en barre fut de 4,026,104 kilogrammes ; en
1854, de 7,911,494 kilog. ; en 1864, de 23,809,500 kilog. ;
en 1874, de 33,372,513 kilogr. ; en 1884, de 35,890,024
kilogr. et, dans la dernière année de 1888, de
31,336,023 kilog. Dans ce même laps d'années, on a
exporté le cuivre à l'état de mattes d'un titre moyen
de 50 0/0 à 55 0/0 ; la production totale en mattes
a été, de 1844 à 1889 inclusivement, de 690,805,544
kilog., soit 345,402,772 kilog. de cuivre, étant en

1844 de 5,085,346 kilog. en mattes; en 1854 de 6,633,936 kilog.; en 1864 de 29,468,210 kilog.; en 1874 de 23,205,979 kilog.; en 1884 de 9,946,775 kilog. et, en 1888, de 2,283,388 kilog. Dans le même espace de temps, on a exporté des minerais de cuivre dont la teneur moyenne peut s'estimer à 30 0/0 de cuivre, et l'exportation totale de minerai a été, de 1844 à 1888 inclusivement, de 586,773,654 kilog., soit 176,032,076 kilog. de cuivre, l'exportation ayant été en 1844 de 9,459,072 kilog.; en 1854 de 20,471,932 kilog.; en 1864 de 18,468,619 kil.; en 1874 de 5,865,565 kilog.; en 1884 de 5,576,545 kilog. et en 1888 de 1,647,272 kilog.

De façon que, si à cette quantité de cuivre exporté, on joint celui qui est sorti sans le contrôle de la douane, on peut calculer que dans les quarante-cinq années dernière, il y a eu une exportation de plus de un million et demi de tonnes de cuivre.

L'or. — C'est un des métaux les plus abondants au Chili; on le rencontre en filons et en sables aurifères anciens et modernes. C'est donc un métal très abondant, mais la teneur en or des minerais est relativement basse, et on a donné peu d'importance à l'exploitation de ce métal, les procédés connus jusqu'à ces dernières années n'ayant pas satisfait les industriels; mais depuis ces dernières années, où la métallurgie de l'or a tant progressé dans le monde, on commence à se préoccuper au Chili de ce métal; on a entrepris dernièrement de nouveaux travaux et on restaure des mines anciennes.

L'or se trouve réparti dans tout le pays. En filons, on le rencontre toujours dans les parties élevées des dépôts cuprifères et, en général, dans les dépôts de pyrites, qui constituent de véritables filons aurifères et, d'ordinaire, ces pyrites sont accompagnés de zinc et de quartz. Ces filons sont, dans la syénite, comme les filons de quartz avec le sulfure de fer, en grande abondance et avec une faible teneur de cuivre. Les plus connus sont ceux de Chivato à Talca, ceux de Curico, San Fernando, Rancagua, Tiltil, Caleo, etc., à Santiago, Petorca et Las Vacas, Le Taro à Andacollo, Coquimbo, La Serena, Vallenar, etc., etc., et d'autres filons purement de quartz, seul ou avec le fer oligiste ou avec très peu de pyrites, comme ceux de Cristales à Cauquenes, La Cortina à Santiago, Illapel, Punitaqui et Talca à Ovalle, Coquimbo, Chanchoquin, Jesus-Maria et Cachiyuyo à Copiapo, Paposo et surtout Le Guanaco à Taltal, mine d'une grande importance et d'une formation spéciale à base de quartz et de baryte. L'or, dans tous ces filons, peut être estimé d'une teneur moyenne de trois cents millièmes, sauf dans les minerais de Guanaco, où le titre moyen peut être aujourd'hui de six cents millièmes.

L'or, dans les *lavaderos* anciens, n'a pas encore été exploité, parce que les entreprises qui l'ont essayé ont manqué à cause des installations mal conçues, mais il en existe plusieurs, comme ceux de Niblinto à Cauquenes ; d'autres à Talca, etc. La teneur, dans ces terrains de débris aurifères, peut s'estimer de cinq sous par mètre cube.

Les *lavaderos* modernes, où l'or est en morceaux plus ou moins gros et jusqu'à trois kilogrammes exceptionnellement, existent certainement, mais on les exploite d'une façon sommaire ; tels sont ceux de la Cordillère de Nahuelbuta et d'autres de moindre importance.

En général, l'or est peu recherché au Chili ; depuis quelques années seulement on commence à s'en occuper. Cependant, chaque fois qu'on l'a rencontré avec une certaine abondance, on l'a exploité, mais d'une façon peu suivie. Il sera très difficile d'établir une statistique de l'exploitation des *lavaderos,* mais il ne semble pas exagéré de dire que, si la production exportée sous la surveillance de la douane, pendant les dernières quarante-cinq années, a été de 5,475,687 grammes, celle des minerais exportés librement a été dix fois plus considérable, on aura en ce cas une exportation de plus de cinquante millions de grammes.

La collection de minerais d'or exposés au pavillon du Chili, à l'Exposition, sans être très complète, suffit pour donner une idée de la richesse du Chili ; du reste, la collection de Guanaco, suffisamment complète, fait voir la variété de minerais en même temps qu'elle permet l'étude de cet intéressant centre minier.

Le charbon de terre. — C'est une des substances minérales de la première région qui, comme le cuivre, donne une grande valeur au Chili. Jusqu'à ce jour, on peut dire que le seul combustible minéral qui existe est la lignite ; on a rencontré des vestiges d'anthracite dans des conditions inexploitables et seulement à La Ternera ; à Copiapo, on l'a rencontré dans de meilleures conditions et dans les terrains de sable rouge, mais les explorations ont été rares et presque nulles, de sorte que nous considérerons les lignites de la côte, qu'on rencontre en formations dans la partie inférieure du terrain tertiaire. Elles commencent à apparaître dès le 37° de latitude Sud et s'étendent jusqu'au détroit de Magellan. Les principales mines sont situées au bord de la mer, et les couches carbonifères inclinent vers l'Ouest, de manière que le travail en est sous-marin, surtout à Lota et à Puchoco ; les bassins carbonifères ont divers gisements alternés d'argiles grises et de sables très fins.

L'exploitation des lignites s'est concentrée pendant longtemps à Lota et à Coronel, mais depuis quelques années on commence à développer cette industrie et elle s'établit à la baie de Arauco, à Talcahuano, Lebu et Magellan; on peut dire que c'est une industrie naissante et le peu de travaux qui existent sont bien installés, l'exploitation se pratiquant par les moyens économiques les plus connus et, en même temps, en y adjoignant les industries les plus propres à tirer le meilleur parti possible de ce combustible, surtout à Lota, où cette industrie est le plus développée.

Le charbon qu'on exploite jusqu'à ce jour suffit à la moitié de la consommation du pays, de sorte qu'on en importe autant qu'il s'en produit, soit faute d'une exploitation suffisante ou parce que la capacité calorique de celui qu'on importe est plus grande. Une partie de l'exploitation est exportée hors de la République pour la consommation de la côte Nord du Pacifique.

L'exportation, selon les chiffres de la douane, a été, pendant les dernières 45 années, de 2,351,817 tonnes, commençant en l'année 1884 par une exportation de 5,156 tonnes et atteignant, dans la dernière année de 1888, 128,386 tonnes. La consommation du pays, selon nos renseignements, atteint 300,000 tonnes par an, de sorte que l'exploitation peut s'évaluer maintenant à un peu plus de 400,000 tonnes par an.

Quant à l'importation du combustible, on peut calculer qu'elle s'élève à plus de 300,000 tonnes par an, et la plus grande partie est consommée par la métallurgie du pays.

Le fer. — C'est un métal abondant au Chili, mais jusqu'à ce jour il n'a pas attiré l'attention des industriels, soit à cause du haut prix du combustible, soit surtout à cause des grands frais d'installation que cette industrie réclame ; cependant, l'importation des fers et de l'acier a dépassé, en 1888, plus de 23,000 tonnes en outils et instruments et en rails 3,800 tonnes.

Dans le cours de la présente année, le Gouvernement s'est préoccupé de ce métal et a commencé les préliminaires nécessaires pour l'étude de cette industrie ; cependant on n'a pas encore étudié les dépôts de fer ; on sait qu'ils sont abondants, comme on peut le voir par ceux dont l'existence est connue, mais on sait seulement qu'ils sont riches en minerais de fer de teneurs supérieures à 50 0/0 et qui parfois atteignent 80 0/0.

On rencontre le fer titanique réparti en petits grains dans presque tous les granites et en plus grande abondance encore dans les syénites. Dans les hypersténites, on rencontre le fer oxydé en filons considérables et très souvent le fer magnétique et à un titre très élevé. On le trouve réparti dans tout le pays, aussi bien dans la Cordillère des Andes que dans les deux autres régions. On le trouve ainsi en différents points des Andes, comme à Maipo, mais on le rencontre dans de meilleures conditions d'exploitation sur les montagnes de Alhue, Naltagua, Caleo, Limache, Putaendo, Ligua, Longotoma, près de Tamaya, Tambillos, Serena, Higuera, Le Barco, Zapallar, Carrizal, Cerro-Blanco, Ojanco, Taltal, etc.

En outre, le fer se trouve en grande abondance à l'état de sulfure.

Le manganèse. — Le manganèse est encore un des métaux abondants au Chili, et ce n'est que depuis environ cinq ans qu'on l'exploite pour l'exportation. Ce métal se présente en grands dépôts dans différentes parties du pays, mais jusqu'à présent aucune étude n'en a été faite ; nous ne pouvons citer que quelques dépôts qu'on commence à exploiter, ou du moins dont on connaît l'existence, comme à Aculeo, Naltagua, Runque, Putaendo, Illapel, près de Panulcillo, Pajonal, Arqueros, Chañarcillo, Zapallos, etc.

L'exportation a été, dans ces cinq dernières années, de 102,311,464 kilogrammes.

SECONDE RÉGION

L'argent. — Ce métal est celui qui caractérise la seconde région du Chili ; on le trouve réparti en diverses zones avec des composés variés et en différentes roches, mais si on tient compte des principaux composés qui l'accompagnent, tels que le chlore, le soufre, l'arsenic, il semble avoir la même origine, c'est-à-dire une origine volcanique, car ces composés proviennent ordinairement d'émanations volcaniques ; et, de même que nous avons exposé l'idée que les dépôts métallifères au Chili ont généralement été produits par l'action thermale, nous croyons à plus forte raison que les dépôts argentifères ont la même origine. Mais, néanmoins, on peut les rattacher à des époques distinctes, quant aux systèmes de fissures dans lesquelles se trouvent les filons et aussi quant aux différents composés qui accompagnent le métal. Nous ne pouvons pas entrer dans des détails qui encombreraient trop ce petit travail, mais nous essaierons d'établir la meilleure division possible, car il n'y a, jusqu'ici, aucune étude à ce sujet pouvant servir de guide.

Les fissures où se rencontrent les filons argentifères se divisent en deux ou quelquefois trois sortes. Les plus communes sont celles qui, par leur orientation, correspondent à la grande déchirure qui a formé la vallée centrale ou longitudinale du Chili, soit dans la direction

Nord-Est, et elles sont classées en trois zones sous le rapport de la variété des composés qui accompagnent l'argent. La seconde division est celle qui correspond au cercle stratigraphique des Montagnes Rocheuses et ses filons ont une direction Nord-Ouest.

Les dépôts de la première division sont d'ordinaire en rapport avec les roches volcaniques anciennes, comme les trachytes, les porphyres augitiques, qui ont soulevé les terrains stratifiés calcaires, principalement le lias, et c'est là que les filons argentifères se sont formés. Les gangues qui accompagnent l'argent dans ces dépôts sont l'hydrate de fer et de manganèse, le carbonate de chaux plus ou moins manganésifère, le sulfate de baryte et quelquefois le quartz ; outre l'argent, on y trouve d'autres métaux, tels que le fer, le nickel, le cobalt, le cuivre, le plomb, le bismuth, le mercure et l'antimoine.

Ces dépôts, ainsi que nous l'avons indiqué, sont divisés en diverses zones parallèles, dont on peut distinguer trois sortes, selon les composés principaux de l'argent.

La zone la plus occidentale est celle qui contient le plus d'argent natif, plus ou moins pur ou allié, dans quelques cas, au mercure ou au bismuth, et parfois à l'antimoine ; elle est aussi la plus abondante en chlorure et en bromure d'argent, jusqu'à une certaine profondeur, où commencent les sulfures, les sulfo-arséniures et les sulfo-antimoniures, etc. Dans cette zone, il y a divers centres, plus ou moins considérables. Ceux de Caracoles et de Chañarcillo sont ceux qui ont produit le plus d'argent au Chili et qui, pendant de nombreuses années, ont été les plus importants. L'argent apparaît dans des terrains calcaires et souvent la présence seule de ce terrain calcaire motive l'exploitation. Pour nommer quelques-uns de ces centres, du Sud au Nord, citons ceux de Aculeo près Naltagua, Palpaico, La Calera, Le Melon, San Felipe (à l'extrémité d'une grande masse de roches trachytiques), Rodeito, Arqueros, Pampa Larga, Cerro de La Plata, Le Checo, Bandurrias, Chañarcillo, Algarrobito, Ladrillos (et les environs), Tres-Puntas, La Florida, Esmeralda, Griton (et les environs), Caracoles et Huantajaya, etc.

La seconde zone, qui s'étend à l'Est de la précédente, est de peu d'étendue et presque tous ses dépôts sont situés dans les lias inférieurs ou dans les trias, et quelques-uns en rapport avec les trachytes et d'autres avec les porphyres augitiques. Dans cette zone, le chlorure d'argent diminue sensiblement, mais on trouve l'argent à l'état natif et le sulfure d'argent augmente considérablement, mêlé de sulfo-arséniure de fer, de nickel, de cobalt et de galène. Dans cette partie on peut citer divers dépôts, tels que ceux de Algodones de Ovalle, Agua Amarga, Tunas, La Jarilla, Rosilla, Algarrobito, Altar, Cachiyuyo de Plata, Sacramento, Bordas, San-Antonio, Lomas-Bayas, Cabeza de Vaca, Le Romero, Garin, Sandon, etc.

La troizième zone appartient déjà à la troisième région, soit à la Cordillère des Andes proprement dite et nous en parlerons en traitant de cette troisième région.

La seconde division des dépôts argentifères dans la seconde région est celle dont nous avons dit que les filons se trouvent dans la direction Nord-Ouest. Les dépôts de cette division ont été découverts récemment et n'ont pas encore été étudiés et, pour cette raison, nous avons bien peu de données à leur sujet, mais ils semblent être en rapport avec les roches hypersténites, et ils manquent absolument de terrains stratifiés calcaires ; l'argent natif n'y existe pas, mais le chlorure d'argent s'y présente en petite quantité et le sulfure d'argent y domine avec un peu de cuivre ; jusqu'à présent on n'y trouve pas d'autres composés remarquables et l'argent qu'ils produisent est assez pur. Les gangues qui l'accompagnent sont le quartz et le feldspath décomposé et quelquefois le carbonate de chaux. Les dépôts connus jusqu'à ce jour sont peu nombreux ; ce sont ceux de Guitana, Condoriaco et Cachinal de la Sierra.

Les mines d'argent sont exploitées comme celles de cuivre, seulement dans celles-là on creuse les galeries plus rapprochées les unes des autres, mais pour le reste, le système d'exploitation est le même.

La métallurgie des minerais d'argent de cette seconde région se fait par voie humide, généralement par amalgamation, en se servant du système chilien, qui est basé principalement sur les chlorurations par voie humide ou autres réactions chimiques plutôt que sur l'action mécanique, comme on le fait avec le système analogue employé dans l'Amérique du Nord. On soumet au traitement de l'amalgamation tous les minerais d'argent, si complexes qu'ils soient, et on obtient des résultats industriels plus avantageux que par tout autre système. On a essayé d'introduire d'autres systèmes, comme celui qui a pour base le sulfure de sodium ou de calcium, mais on les a abandonnés. Quelques-uns des minéraux de cette seconde région, à cause de circonstances industrielles spéciales, sont traités par la fusion, en même temps que les minerais de plomb argentifère et ceux de cuivre argentifère.

La production de l'argent suit, comme celle du cuivre, la fluctuation des prix d'Europe et celle du change monétaire du pays. L'exportation de l'argent a été considérable et la production encore plus, car une grande partie est restée dans le pays, soit pour y être monnayé, soit pour d'autres usages. Il n'est pas facile de donner les chiffres de l'exportation, car une grande partie a été faite

par la Cordillère des Andes sans le contrôle de la douane.
Pour donner une idée de la production de l'argent au
Chili, il ne paraît pas exagéré de tripler les chiffres de la
douane, et ainsi on obtient un chiffre approximatif de la
véritable production de l'argent pendant les quarante-
cinq années de la statistique douanière, qui commence en
1844, mais avant cette époque il a été exploité une quantité considérable d'argent, comme par exemple en 1835
où, selon Roswag, il a été exporté 19,481,000 grammes
d'argent en barres.

D'après la statistique, l'exportation de l'argent en
barre, de 1844 à 1888 inclusivement, a été de 2,894,861,152
grammes, ce qui, multiplié par trois, nous donne une
quantité de 8,684,583,456 grammes, et ajoutant à ceci
l'argent exporté en mattes de cuivre et argent et en
minerais, on peut estimer à neuf mille millions de
grammes l'argent produit dans les quarante-cinq dernières
années. Cependant, d'après les calculs de quelques industriels anciens, ce chiffre est encore au-dessous de la
réalité.

Les autres métaux qui appartiennent à cette
région sont : le plomb, dont nous parlerons à propos de
la troisième région, qui le contient le plus abondamment,
le mercure, le cobalt et le nickel.

Le mercure est un autre des métaux de la seconde
région, mais son exploitation a été si réduite qu'on peut
presque la considérer comme nulle ; quoique l'industrie
de l'extraction du mercure ne se soit pas développée, il
y a néanmoins des dépôts de quelque importance, mais,
jusqu'à présent, les capitalistes n'y ont pas fait attention.
On doit noter le dépôt de Punitaqui pour ses beaux

échantillons de cinabre pur et, en ce point, on remarque
en diverses parties de la superficie différents indices de
l'existence du cinabre. Dans les filons où l'on a creusé
une mine, on a pu constater qu'il est d'une certaine
abondance et a donné de bons résultats aux industriels
qui, occasionnellement, y ont travaillé ; le titre ordinaire
à Punitaqui peut s'estimer à 6 0/0. De même on a trouvé
le cinabre dans les montagnes des Frailes à Copiapo,
mais, comme dépôts de quelque importance, quoique de
titre très bas, on le rencontre en surface à Petorca, à
Illapel, et près de Andacollo, sur la rivière de Hurtado;
ces dépôts sont connus, mais le titre étant très bas, on
n'a pas fait de fouilles minières.

Le cobalt et le nickel sont des métaux qu'on rencontre dans la Cordillère des Andes, ou troisième région,
et dans la seconde région, mais jusqu'à présent on n'a
exploité de mines de ces métaux que dans la seconde
région. Les filons connus sont près des dépôts d'argent
et on ne les travaille qu'occasionnellement, c'est-à-dire
quand il y en a demande, et jamais d'une manière régulière. Les dépôts les plus connus sont ceux de Maipo,
Quillota, Coquimbo, Huasco, Copiapo, Chañaral, Fla-
menco et près de La Florida à Taltal. L'exportation a été
intermittente depuis 2,300 kilog. jusqu'à 352,406 kilog.
et, dans les dernières quarante-cinq années, l'exportation
totale a atteint 5,289,221 kilog. de minerai.

Sels. — Le nitrate de soude. — C'est le sel le plus
important de ceux qui s'exploitent au Chili et chaque jour
apporte de nouveaux développements à cette industrie,
au fur et à mesure qu'on se rend compte des bons résultats de l'application du nitrate dans une foule d'indus-

tries en général et en particulier dans l'agriculture, où il joue un rôle aussi important que l'eau.

Les dépôts de salpêtre sont situés dans la partie septentrionale du Chili, dans le désert d'Atacama. Leur étendue connue jusqu'à ce jour est comprise du Nord au Sud, entre le 19ᵉ et le 26ᵉ degré de latitude Sud, et de l'Ouest à l'Est de trois ou quatre kilomètres ; on trouve cette bande sur le versant oriental de la Cordillère de la Côte, qui est formée de douces collines plus ou moins ondulées, jusqu'à la vallée centrale qui présente là une superficie presque plane. C'est dans ces collines que sont, en général, ces dépôts de salpêtre ; mais il faut remarquer que le salpêtre ne se trouve pas uniformément et régulièrement distribué sur toute la ligne que nous avons indiquée, il domine autour des bassins et suit les versants plus ou moins étendus qui, descendant à la vallée centrale, forment toujours des dépôts de salpêtre, quelquefois séparés par de petites inégalités et ondulations.

La superficie du terrain qui le renferme est quelquefois unie et égale, ou bien irrégulière, formant de petites collines, ou crevassée en tous sens, amoncelée et inégale; mais elle est toujours couverte de fragments écroulés de roches polies, à moitié arrondies et avec des graviers plus ou moins gros et des cailloux anguleux. Sous cette surface, on trouve en général : une petite couche d'argile de quelques centimètres d'épaisseur, suivie d'une autre couche de 20 à 30 centimètres. Celle-ci est composée de sulfate de chaux et de magnésie, mêlée de sulfate de soude, de sel commun et presque toujours un peu de sable quartzeux ; vient ensuite une autre couche d'une épaisseur variable jusqu'à deux mètres, composée d'une agglomération de sable, d'argile grisâtre et cimentée par le plâtre et le sel, ou bien cette couche n'est qu'une agglomération épaisse de fragments de diverses roches de quelques centimètres de largeur, cimentées avec des sels sulfatés ou chlorurés, ou quelquefois elle dégénère en un sol détaché et sans consistance. Cette agglomération présente des fragments anguleux et on remarque qu'ils ne sont pas produits par de longs entraînements, mais par des masses amenées de peu de distance, et même par de simples éboulements des matières qui ont été imbibées par l'eau et qui ont cédé à leur propre poids et se sont ensuite répandues comme de la boue épaisse sur une surface légèrement inclinée.

A la suite de cette couche se trouve le dépôt qui contient le salpêtre, sous le nom de *caliche*, d'une épaisseur très variable, de quelques centimètres jusqu'à trois mètres ; en général, il ne s'étend pas uniformément, variant fréquemment d'épaisseur et de qualité sur une étendue plus ou moins grande. Cette couche de salpêtre se trouve sur une couche composée de sable, souvent mélangée d'argile et de plâtre, d'ordinaire humide et contenant, en outre, quantité de petits cristaux isolés de sélénite.

Toutes ces couches reposent sur un grand banc de terrains d'alluvions, qui forment un conglomérat dur, ou bien sur des dépôts d'argile durcie ; ce banc est d'une épaisseur considérable, atteignant souvent plus de cent mètres.

La couche qui contient le salpêtre est mélangée de salpêtre, de chlorure de sodium, de sulfate de chaux, de soude, etc., et un peu de substances terreuses, et porte le nom de *caliche*. Le *caliche* se présente avec une grande variété de couleurs, blanc, jaune, violet, orange, bleu et diverses nuances de gris ; la structure est cristalline et devient granuleuse, quelquefois poreuse, de grain fin ou gros, ou bien compacte ; la cassure est plane quand il est suffisamment pur, quelquefois irrégulière, ayant l'éclat du verre, ou bien molle, cassante et se détériorant lorsqu'il est poreux ; il a une saveur légèrement salée, fraîche, et il est soluble dans l'eau ; exposé à l'air, il absorbe l'humidité atmosphérique et se dissout. La composition chimique est un mélange de nitrate de soude, de chlorure de sodium et des chlorures de potassium et de magnésium, de nitrate de potasse, de sulfates de soude, magnésie et chaux, d'iodate et d'iodure de sodium, de chromates et, comme matières insolubles, il renferme de l'argile, du sable et du gravier.

La couche de *caliche,* à mesure qu'elle avance vers la vallée centrale, se charge de plus en plus d'autres sels et surtout du sel commun, jusqu'à se confondre dans cette vallée avec les salines immenses composées d'une grosse croûte de sel et d'argile mélangés.

D'après ce que nous avons vu, il semble qu'il y ait eu une série de formations successives, à partir de la grande rupture qui a formé la vallée longitudinale du Chili ; les formations seraient dues aux grands éboulements qui l'ont remplie et aux formations volcaniques modernes qui ont fait jaillir d'immenses volumes d'eaux chargées de divers sels, formant des espèces de mares ou lacs qui, depuis leur arrêt et l'élimination de l'eau par filtration et évaporation, ont formé ces dépôts de sels sous la forme où on les rencontre. Telle paraît en être l'origine, car dans le terrain d'alluvions qui remplit la déchirure formant la vallée centrale, on rencontre d'abord une couche assez égale de sable, d'argile et de plâtre qui, étant en suspens, constituèrent naturellement le premier dépôt ; au-dessus vient, en certaines parties, le *caliche.*

On sait que le nitrate de soude diminue de solubilité

en présence du chlorure de sodium et a besoin de hautes
températures pour se conserver en dissolution, de
manière que les émanations volcaniques ayant produit ces
solutions à de hautes températures, il en est résulté ces
lacs susmentionnés, qui se refroidirent lentement, d'abord
en certains vallons et coteaux ; puis, par des causes naturelles, la précipitation et concentration du salpêtre dans
ces parties en fut la conséquence et comme cette opération se fit hors du laboratoire et sur une grande étendue,
sans parler d'autres conditions, d'autres sels se précipitèrent en même temps, en particulier le chlorure de
sodium, formant les dépôts de *caliche*.

Immédiatement après, et par le contact de l'eau, vint
la décomposition des roches feldspathiques et conséquem-
ment le transport ou, pour mieux dire, l'éboulement de
ces roches sur les dépôts de *caliche* et dans leurs inters-
tices ; et comme ces dépôts étaient détrempés par les
mers, ils restèrent mélangés de plâtre, de sel commun, etc.
Par la formation de cette couche ou croûte, les mers et
lacs de la vallée centrale furent circonscrits et, par l'évaporation des eaux qui s'ensuivit, les grandes salines
qu'on connaît aujourd'hui se trouvèrent formées et, sur
la couche de détritus qui couvre le *caliche*, les sulfates et
une partie de sel commun se précipitèrent.

Il semble que postérieurement il se soit produit des
sources thermales dans ces mêmes lieux, chargées de
silice qui se précipita par le refroidissement, etc., et de
là proviennent les fragments arrondis d'opale, d'agates,
de chalcédoine, etc., qui se rencontrent abondamment
répartis à la surface, en particulier dans la Pampa Agata
à Antofagasta. Nous pourrions développer beaucoup plus
longuement l'idée que nous présentons, mais, dans ce
travail, il semble préférable de l'énoncer simplement

comme étant l'origine de la formation du salpêtre et autres sels du désert de Atacama.

Il existe beaucoup de théories pour expliquer la formation du nitrate dont les principales sont : l'idée qu'il provient de la destruction de terrains formés antérieurement, dont les détritus, entraînés en dissolution dans l'eau, furent déposés dans certains bas-fonds naturels. D'autres supposent que par les soulèvements des terrains situés sous la mer se formèrent de grands lacs d'eau salée, dans lesquels croissaient les plantes marines, des algues et des sargasses, et que les eaux, en s'évaporant peu à peu, donnèrent lieu à la décomposition de ces substances, de ces végétaux azotés, occasionnant la formation de l'acide nitrique qui, avec les roches calcaires, forma le nitrate de chaux. Celui-ci, en présence du sulfate de soude déposé par les eaux de la mer, se transforma par le changement des éléments, donnant pour résultat le sulfate de chaux et le nitrate de soude. D'autres supposent que l'origine du salpêtre est due à de grands dépôts de guano et que, en contact avec les roches calcaires et passant à l'état de nitrification, il donna lieu aux mêmes réactions susmentionnées.

L'exploitation du *caliche* se fait en attaquant le terrain, surtout du côté le plus stérile et, quand la pente du terrain le permet, on commence par la partie la plus basse. On creuse des rangées de puits faits à la main, qu'on remplit de poudre pour les faire éclater et détacher ainsi le terrain, et on rejette en arrière la couche qui couvre le *caliche*, qu'on sépare soigneusement, pour le transporter dans des chariots et le conduire à l'établissement d'exploitation. Suivant ce procédé, on avance jusqu'à l'épuisement du dépôt, rejetant à mesure en arrière la partie inutile.

Le transport se fait généralement en chariots et il y a
peu de dépôts où l'on emploie les rails pour le transport
à l'établissement d'exploitation. De cette façon, l'exploitation et le transport sont difficiles, et cela fait monter le
prix de revient, qui diminuerait s'il était possible d'introduire des moyens plus économiques pour l'attaque du
terrain et pour le transport.

Le traitement du salpêtre est basé, comme celui de
tous les sels solubles, sur la dissolution, suivie, selon les
lois connues, de la cristallisation des divers sels, moyennant laquelle on peut les séparer les uns des autres. De
cette manière, il y a trois opérations principales pour la
séparation du salpêtre ou nitrate de soude, qui sont :
1° la dissolution dans l'eau, soit à la température ordinaire, soit à la température élevée ; 2° la séparation par
filtration ou par décantation des liquides résultants, pour
les séparer des matières en suspension provenant de la
gangue terreuse insoluble, de sels moins solubles à la
température à laquelle s'opère la dissolution, ou bien des
produits secondaires qui se développent par le même
procédé chimique dont on se sert pour obtenir le salpêtre;
3° la cristallisation du nitrate des liquides clairs et lim-
pides qui en ont résulté, si la température de dissolution
a été élevée, ou bien évaporation avec cristallisations successives, si la dissolution s'est effectuée à la température
ordinaire.

La dissolution du *caliche*, jusqu'à ces derniers temps,
a été opérée par une quantité de procédés et d'appareils
divers, qui tous peuvent se rapporter à deux types principaux, quant aux procédés dissolvants pour lesquels les
appareils ont varié, selon la manipulation qu'on a voulu
faire. Pour ce qui est du chauffage de la masse, on l'opère,
si la température doit être élevée pour l'opération, soit

par l'un ou l'autre type suivant : 1° par l'application directe du feu à l'appareil de dissolution ; 2° par l'injection de la vapeur d'eau, librement, au moyen de conduits appropriés et se condensant dans la masse liquide qu'elle échauffe ; 3° en usant de la vapeur d'eau dans des tubes clos, produisant la chaleur par la transmission du calorique de condensation à travers les parois du tube.

Le premier type des procédés de dissolution est basé sur le déplacement constant du *caliche* dans l'eau mère pour effectuer la dissolution, aussi complète que possible, du salpêtre qu'il contient. Pour effectuer ce mouvement, on opérait dans des cuves où le *caliche* était remué à la main ou au moyen d'agitateurs mécaniques et autres appareils giratoires ; d'autres se sont servis d'appareils où l'introduction de la vapeur se fait directement, au moyen de tubes perforés, en introduisant la vapeur avec une pression de 30 à 50 livres pour produire une certaine rotation, et ces appareils ont double paroi, avec fond perforé, pour faciliter l'écoulement de la dissolution et l'extraire par le fond.

Le second type de procédés de dissolution comprend ceux qui sont effectués au moyen d'un courant d'eau mère qui passe au travers du *caliche,* dont l'appareil est chargé, et qui reste complètement immobile jusqu'à dissolution du salpêtre qu'il contient, c'est-à-dire un véritable lessivage de la matière, au moyen de courants liquides, systématiquement produits.

A ce type correspondent deux méthodes principales et qu'on peut appeler : 1° méthode de lessivage simple ; 2° méthode de lessivage complexe et méthodique.

Le lessivage simple se fait quelquefois dans des appareils à feu direct, appareils qui consistent en un réservoir dont les angles inférieurs communiquent avec deux foyers

qui le traversent dans toute sa largeur et, dans l'intérieur
du réservoir, on met une cage de tôle de fer perforée sur
ses trois faces, de manière qu'y mettant le *caliche* et l'eau
mère, la dissolution filtre dans le réservoir extérieur et,
comme cette cage reste immergée dans la dissolution, on
comprend que, par l'échauffement, il se produira un
échange du liquide du dehors au dedans par la partie
supérieure. D'autres fois, on chauffe au moyen de la
vapeur en tubes clos, dans un appareil, tel que le précé-
dent, composé de deux réservoirs et, dans l'espace qui
reste entre eux, on ajuste deux tubes de vapeur en forme
de serpentins, par lesquels se produit l'échauffement, au
lieu de le faire au moyen de foyers placés dans les angles
inférieurs du réservoir. Cet appareil a été exécuté sous
différentes formes, et on a donné diverses dispositions au
serpentin ; pour éviter certains inconvénients, on a dis-
posé les foyers à la partie inférieure, mettant en mouvement les liquides au moyen d'une pompe centrifuge.
D'autres fois, on s'est servi de la vapeur libre, faisant
passer un courant de vapeur à la partie inférieure au
moyen d'un tube de fer perforé qui traverse le *caliche* de
bas en haut.

Le lessivage complexe ou méthodique est basé, comme
on le voit, sur une série d'appareils à dissolution, de
sorte que le liquide passe du fond d'un appareil à la surface de celui qui suit, etc. Cela se fait dans des appareils
clos et en utilisant la pression produite par une colonne
d'eau dans une conduite appropriée ; ou bien, en usant
des appareils découverts et n'ayant qu'un seul niveau,
produisant le mouvement des liquides par la différence de
pression produite par les hauteurs diverses qu'on leur
fait prendre dans la série des appareils. On s'est servi de
divers types d'appareils pour réaliser soit l'un, soit l'autre

de ces lessivages complexes, mais le plus méthodique et
rationnel, le second, a fait adopter à la fois l'appareil pro-
posé par le professeur Buf et connu dans la fabrication
du carbonate de soude sous le nom d'appareil de Shanks,
surtout en Angleterre. Dès qu'on a connu les avantages
de cet appareil, tous les établissements salpétriers ont
commencé à abandonner les anciens pour prendre celui-
ci qui donne, jusqu'à présent, les meilleurs résultats
industriels, par la simplicité des opérations et de l'appareil et réalisant en outre, mieux que tout autre, les prin-
cipes sur lesquels il est basé, ce qui est, au résumé, tout
ce que l'on peut désirer pour assurer le succès d'une
industrie au moment de son installation.

La seconde partie de l'élaboration du salpêtre, c'est la
séparation, par la filtration, des liquides résultants, non
seulement pour déposer les matières en suspension, mais
aussi pour produire un refroidissement uniforme qui per-
mette la saturation du salpêtre et éviter qu'il s'en sépare à
la saturation une quantité de sels, ce qui rendrait le salpêtre impur. Dans ce but, on se sert de simples cuves de
fer, de dimensions et de formes appropriées pour faciliter
le refroidissement des liquides, et on extrait le liquide de
ces appareils, pour le faire passer à la cristallisation, au
moyen de robinets ou de bouchons placés d'un côté du
fond ; on se sert aussi d'un tube de fer coudé et pivotant,
afin qu'on puisse vider le liquide en le prenant toujours
à la surface, où il est le plus clair et le plus froid.

La troisième partie de l'élaboration est la cristallisation.
On fait la cristallisation en versant le liquide dans une
série de bassins d'une grande surface, de peu de profondeur et avec un fond incliné, pour faciliter la sortie des
eaux mères résultantes ; le salpêtre cristallisé se vide sur
des plans inclinés en bois, dans le but de faire écouler

l'eau qui reste en excès, et qu'il se sèche avant qu'on ne le mette en sacs pour l'exportation.

L'iode contenu dans le *caliche*, à l'état de iodate de soude et de iodure de sodium, reste dans les eaux mères; l'iodure, qui ne s'y trouve qu'en petite quantité, se perd et on extrait seulement l'iode de l'iodate. Le procédé qu'on applique généralement est basé sur la réaction qu'exerce l'acide sulfureux sur les sels iodiques ; on se sert de l'acide sulfureux, à l'état de bisulfate de soude, qu'on prépare dans l'établissement même ; le bisulfate dissous se réunit aux eaux mères et immédiatement l'iode se précipite, donnant à la liqueur une teinte vert foncé ; on laisse reposer, on décante le liquide et le précipité se vide dans des filtres en toile, où on le lave à l'eau pure ; ensuite on le presse pour le bien sécher, on le passe pour être sublimé dans des cornues de fer et on recueille l'iode sublimé dans des cylindres d'argile.

Les dépôts de salpêtre furent découverts en 1821, mais on n'a commencé à les exploiter que dix ans plus tard ; on ne l'employa d'abord qu'à la fabrication de la poudre ; plus tard on s'en servit un peu plus dans les industries chimiques jusqu'à ce qu'on eût reconnu qu'on pouvait l'employer à l'agriculture, pour fertiliser les terres, remplaçant avantageusement le guano et les engrais artificiels, car il contient 15 1/2 0/0 d'azote, un des éléments les plus importants pour la nutrition des plantes; d'autre part, l'azote du salpêtre est dans les meilleures conditions pour être absorbé par les plantes, par l'intermédiaire de leurs racines, car elles l'absorbent avec plus de facilité quand il est combiné avec l'oxygène, formant l'acide nitrique.

L'azote de l'air n'est pas absorbé par les feuilles des plantes, mais uniquement par leurs racines, principalement quand l'azote est combiné avec l'oxygène. De là vient la supériorité du salpêtre sur tout autre engrais, soit artificiel, soit naturel, dont l'azote se trouve généralement combiné avec l'hydrogène, le phosphore, etc. ; dans ces engrais, l'azote doit d'abord s'éliminer au contact de l'air et ensuite se combiner avec l'oxygène; à proprement parler, il doit s'opérer une nitrification de la substance avant que la plante l'absorbe.

Par ce qui vient d'être dit, on voit l'importance croissante du salpêtre dans l'industrie agricole et elle sera encore plus grande quand on s'en servira comme remède pour les plantes malades, remède de l'excellent résultat duquel nous sommes sûrs, comme par exemple pour le phylloxera et plusieurs autres maladies des vignes. Le salpêtre, comme engrais dans l'agriculture, donne des résultats immédiats et différents selon le moment auquel on s'en sert; ainsi, si on l'emploie au moment de la germination, il développe énormément le feuillage et la partie verte de la plante ; si on l'emploie au moment de la floraison ou de la fructification, son effet se portera avantageusement sur ces importantes fonctions. Depuis que le Chili est en possession de la province de Tarapaca (en 1880), le développement de l'industrie salpêtrière a énormément progressé, tant dans cette province que dans celle d'Antofagasta et dans le département de Taltal. L'exportation du salpêtre, qui fut en 1880 de 226,090,313 kilog., a augmenté progressivement jusqu'à aujourd'hui, ainsi qu'on peut le voir par l'exportation de 1887 qui a atteint 712,767,766 kilog. et, en 1888, 784,249,831 kil. et, en 1889, on espère qu'elle dépassera huit cents millions.

L'iode exporté de 1880 à 1888 inclusivement représente un poids de 1,665,421 kilog.

Le sel commun s'obtient, comme élément secondaire, dans l'élaboration du salpêtre, mais on ne l'exporte pas, étant tout entier employé pour la consommation du pays, principalement dans l'industrie métallurgique de l'amalgamation. Il y a peu de temps qu'on commence à exploiter quelques bancs de sel très pur qui existent dans le désert, mais ce n'est pas encore une industrie qui attire l'attention.

Borate de chaux. — Le borate de chaux est un autre des sels qui existent dans le désert d'Atacama et qu'on exploite depuis 1874. Ce sel se rencontre en dépôts sur les flancs occidentaux de la Cordillère des Andes, à l'entrée de la vallée centrale, et il paraît avoir la même origine que le salpêtre ; ceci vient à l'appui de la théorie que nous avons énoncée sur cette formation, car ce sel s'est d'abord cristallisé et il n'a pas pu être transporté en dissolution jusqu'à la Cordillère de la Côte ; il est bien certain qu'il se trouve un peu de borate de chaux en petits amas sur les *caliches,* mais accidentellement et en très petite quantité près des salpêtrières de Toco, mais on comprend que cela n'infirme pas la théorie émise. D'autre part, on doit remarquer que le sel commun n'existe pas dans les gisements de borates, sinon en très petite proportion, ce qui s'explique par le fait que le sel en dissolution a été porté dans la vallée centrale, où il a formé les salines. Les gisements de borates les plus connus sont ceux de Maricunga, Ola et Ascotan.

Quoique cette industrie ait commencé dès 1874, elle n'a pas eu une marche complètement régulière ; on a commencé des exploitations en quelques endroits ; en d'autres, jusqu'à cette date, on a exporté le borate de chaux, quelquefois l'acide borique et le borax extrait du borate de chaux, mais cependant, jusqu'à ce jour, il n'y a eu aucun établissement fonctionnant régulièrement. L'exportation du borate de chaux, depuis 1874 jusqu'à 1888 inclusivement, a été de 16,691,247 kilog., et celle du borax dans la même période de 7,973,909 kilog.

Les sels d'aluminium sont nombreux et on les trouve d'ordinaire à l'est des salines de sel commun qui forment le centre de la vallée longitudinale, ce qui s'explique, puisque leur origine est la même que celle du salpêtre, ainsi que nous l'avons dit. Jusqu'à présent, ces sels n'ont été l'objet d'aucune exploitation.

En dehors de ces sels on en rencontre beaucoup d'autres, tels que les sulfates de soude, la chaux, la magnésie et toute une variété d'autres sels. En réalité, on peut dire que le désert d'Atacama est un immense laboratoire qui peut répondre aux besoins d'un grand nombre d'industries ; il est à espérer que, puisque les matières premières existent en abondance, il sera facile d'établir ces industries à proximité.

La superficie totale du Chili est de 753,216 kilomètres carrés et plus du tiers de cette superficie est en régions minières ; mais la partie concédée à l'exploitation, c'est-à-dire les concessions de gisements de minéraux métalliques, n'est que de 15,000 hectares, sans compter les concessions de terrains salpétriers, de sels divers et les houillères. De ces 15,000 hectares peut-être n'y en a-t-il que 6,000 livrés à un travail effectif et avec un personnel qui, selon nos calculs, n'arrive pas à 40,000 âmes. On peut donc dire que l'industrie minière au Chili est encore vierge et que son avenir est immense, car ce pays est si riche en mines, ses conditions locales, comme nous l'avons montré, sont tellement avantageuses, que toutes les industries qui s'établiront avec un capital suffisant seront productives.

Le code des mines établit ce qui suit : « On concède « aux nationaux et aux étrangers le droit de faire des « fouilles et recherches dans les terrains de quelque do- « maine que ce soit, des mines de minéraux métalliques, « pour y travailler, en bénéficier et en disposer en « maîtres, n'ayant qu'à se soumettre aux réquisitions et « réglements que prescrit le code des mines.

« Toutes les mines de minéraux métalliques et de « pierres précieuses peuvent être librement acquises par « les particuliers, quelles qu'en soit l'origine et la forme « de gisement. »

Le combustible minéral et autres fossiles sont la propriété du maître du sol, mais, quand ils se trouvent dans les propriétés de l'Etat ou des municipalités, ils seront de libre acquisition pour les particuliers.

L'Etat ne se réserve que l'exploitation des guanos, des dépôts de nitrate pas encore adjugés et de sels ammoniacaux.

Telles sont les dispositions générales que le code des mines établit, ce qui prouve combien il est facile d'arriver à une propriété minière et, afin de la conserver et d'éviter des difficultés ultérieures, c'est-à-dire pour que la vie de l'industrie soit assurée et sans difficulté extérieure, il établit ce qui suit : « Le concessionnaire de mine métal- « lifère est propriétaire exclusif dans les limites de son « domaine et dans toute la profondeur de toutes les subs- « tances minérales qui y existeront et s'y rencontreront. « La propriété minière est concédée par l'État, à la seule « condition de payer une patente de dix piastres annuel- « lement par hectare de superficie de la propriété, et

« c'est uniquement faute de payer cette patente que le
« droit de propriété sera perdu et qu'elle fera retour à
« l'État. » Pour le reste, le code des mines est assez
libéral pour que toute entreprise minière soit facile.

Les voies de communication sont faciles, en particulier
sur la côte. Il existe beaucoup de routes ordinaires dans
la zone minière, mais généralement mal construites et
plus mal entretenues, quoiqu'il soit facile d'avoir de
bonnes voies de communication, mais toujours les industries minières sont à court de capitaux pour répondre à
toutes les nécessités de l'industrie. Les chemins de fer qui
servent à l'industrie minière, principalement par leur
communication avec la côte, forment jusqu'à présent un
total de 1,500 kilomètres et, d'ici peu, ils dépasseront
2,000 kilomètres et dans tout le pays ils arriveront à
4,000 kilomètres. Il n'y a pas de doute qu'en améliorant
les voies de communication et en en construisant de
nouvelles, on arrivera ainsi à une telle économie de
production que cela fera monter considérablement le
niveau de l'industrie minière.

Le travail des mines se fait facilement parce que, en
général, les roches dans lesquelles sont encaissés les
filons sont assez consistantes pour se maintenir par elles-
mêmes, et il est très rarement nécessaire d'établir des
revêtements et encore, dans ce cas, le bois suffit. Par
eux-mêmes, les filons sont relativement tendres, de
manière que l'attaque s'en fait à la main, rapidement et
économiquement. Si, enfin, on rencontre l'eau, elle y est
en si petite quantité, qu'au lieu d'être un obstacle elle
est un avantage, car d'ordinaire elle répond aux besoins
du travail et sert aussi à établir la préparation mécanique ; jusqu'à présent, dans les mines les plus abondantes
en eau, il a suffi d'un moteur de soixante chevaux-vapeur

pour maintenir les machines de desséchement qui servent
pour l'extraction de la matière détachée des filons, et dans
les mines de charbon seulement il a fallu un dessèche-
ment un peu plus puissant.

Les transports intérieurs s'exécutent d'ordinaire à dos
d'homme, au moyen de sacs ; dans les travaux de niveau,
les transports sont faits au moyen de brouettes et quelquefois de wagons sur rails. Dans les puits auxiliaires, on
se sert assez souvent du treuil.

Les transports se font ainsi jusqu'aux galeries d'extraction, qui sont des tunnels avec des chemins de fer ou
des puits inclinés avec des voies ferrées desservies par des
wagons d'une capacité d'une tonne ou deux, généralement remontés moyennant des treuils mus par des chevaux ou des machines à vapeur.

Comme il n'y a pas de gaz malsain dans l'intérieur des
mines, la ventilation est des plus faciles et l'éclairage se
fait avec des lampes à flamme découverte.

Toute la matière extraite passe sur le carreau des mines,
où l'on commence un léger triage à la main ; la partie
inutile est rejetée et la partie utile est broyée, à la main
généralement et, dans quelques mines mécaniquement,
au moyen des triturateurs Blake ; on soumet rarement le
mincrai à une classification par des cribles classificateurs
et plus exceptionnellement encore à la classification par
densité dans l'eau.

Ainsi que nous l'avons exposé en traitant des filons de
cuivre, l'exploitation des mines laisse à désirer quant à
l'économie industrielle, nous en avons déjà vu les raisons,
et ceci se reproduit dans toute l'industrie des minerais
métalliques.

Le minerai ainsi préparé est prêt à être transporté dans
les établissements métallurgiques, et ce transport se fait

à dos d'ânes ou de mulets des mines aux voies principales
de communication, d'où on l'emporte, soit dans des char-
rettes, soit dans des wagons de chemins de fer; il serait
facile de diminuer la dépense de la première partie du
charroi, mais cela exigerait un fonds d'installation qui
toujours fait défaut ; c'est exceptionnellement qu'il se
trouve quelques industriels ayant les moyens d'établir des
plans auto-moteurs, des plans inclinés, ou des chemins de
fer suspendus.

La métallurgie possède un matériel plus que suffisant
pour répondre à l'exploitation qui se fait jusqu'à présent;
mais les établissements laissent un peu à désirer quant à
leur installation et quant au matériel économique; nous
avons déjà vu que ce n'est pas la faute des industriels,
qui savent bien cela et qui connaissent parfaitement la
manière d'opérer, mais à cause du manque de capitaux
dont cette industrie a tant besoin.

Il semble inutile de passer en revue les établissements
qui existent, car il suffit d'affirmer que le matériel
métallurgique est plus que suffisant pour la production
actuelle et que les procédés qui s'emploient sont les
procédés connus. Les fours à reverbère dont on se sert
peuvent produire, en vingt-quatre heures, vingt tonnes
de première fonte, c'est-à-dire de minerais de cuivre,
et les fours à manche, pour la même opération, ont
une capacité de cinquante tonnes ; mais ces derniers
n'existent qu'en petit nombre, environ quinze dans tout
le pays.

Nous avons déjà dit que les minerais d'argent se tra-
vaillent par l'amalgamation, c'est-à-dire par le procédé
chilien proprement dit.

Pour broyer le minerai, on emploie la meule que nous
appelons *trapiche,* machine qui peut moudre finement

jusqu'à neuf tonnes en vingt-quatre heures, et ensuite, pour faire l'amalgamation, des tonneaux de bois d'une capacité de six tonnes pour vingt-quatre heures.

Pour la fonte des minerais de plomb argentifère, on emploie le four à manche de petites dimensions, d'une capacité de douze à quinze tonnes de minerai par vingt-quatre heures et, pour extraire l'argent du plomb, on se sert de la méthode de coupellation anglaise ou allemande, sans enrichissement préalable des plombs, car ceux-ci s'obtiennent dès la première fonte, à un titre en argent de 1/2 ou de 1 0/0 ; on soumet seulement ce plomb à une fusion dans des chaudières de fer avant de passer à la coupellation, dans le but de le débarrasser des impuretés pour éviter les pertes et croûtes dans ce travail.

Dans la fonte des minerais de cuivre, les premières scories qu'on obtient dans la fonte crue contiennent, en moyenne, un pour cent de cuivre, elles sont acides et très bien fondues ; on les laisse à ce titre, car les premières mattes qu'elles produisent ont ordinairement un titre de 50 0/0 de cuivre ; l'opération ainsi conduite se pratique avec des résultats industriellement très économiques, en raison des conditions du pays. Le cuivre, d'ordinaire, se produit à l'état de cuivre en barres, et quelquefois aussi on l'exporte affiné en lingots.

Dans l'amalgamation, on perd en déchets en moyenne dix grammes d'argent par tonne et un peu plus de deux cents grammes de mercure par kilog. d'argent obtenu ; l'argent est ordinairement assez pur.

Dans la fonte des minerais de plomb argentifère, la perte en scories est en moyenne de dix grammes d'argent par tonne, et en plomb elle est très variable, environ de 8 0/0, en scorie ou en volatilisation.

TROISIÈME RÉGION

La troisième région métallifère du Chili est celle qui correspond à la Cordillère des Andes ; c'est la plus étendue et la moins explorée; elle s'étend depuis la partie la plus australe du pays jusqu'à sa limite septentrionale; les minéraux qu'elle contient sont en général des composés très complexes; les minéraux principaux sont les cuivres gris et les minerais de plomb argentifère, qui forment en même temps la troisième zone d'argent dont nous avons parlé.

Les gisements de cette troisième zone argentifère ne contiennent que des indices, en quelques cas, de chlorures d'argent et d'argent natif, mais généralement des cuivres gris argentifères, dans lesquels on trouve le plus souvent du fer, du plomb, de l'antimoine, combinés avec le soufre et l'arsenic. La gangue principale est le quartz. Les gisements connus jusqu'à ce jour sont peu nombreux; ce sont ceux de : Nuble, les Cordillères de Linares, Talca, Curico, Tinguiririca, Rancagua, Maipo, Condes, les Cordillères de San-Felipe, Putaendo, Petorca, Illapel, Combarbala, Ovalle, Elqui, Huasco, Copiapo, etc.

Les couches de minerais de plomb argentifère dominent également dans cette troisième région et, jusqu'à ce jour, sont les plus communes, sans que le plomb proprement dit soit un métal assez abondant au Chili pour qu'on

en fasse l'objet d'une exploitation spéciale. Ces couches
sont exploitées à cause de l'argent qu'elles renferment.
La gangue principale est le quartz et, à Las Condes, l'argile quartzeuse. Ces dépôts se trouvent non seulement
dans la troisième région, mais il en existe divers centres
dans la seconde région dont les principaux sont ceux de :
Sierra Gorda et de Inca dans la province d'Antofagasta
et, dans celle de Tarapaca, Challacollo. Dans la troisième région ils sont extrêmement abondants, quoique le
titre en plomb et en argent n'y soit pas élevé d'ordinaire.
On en connaît beaucoup, tels que ceux de : Lonquimai,
Angeles, Talca, Curico, Rancagua, dans le Maipo ceux de
San-Pedro, Nolasco, San-Lorenzo et d'autres, à Las
Condes (le centre le plus étendu), divers à San-Felipe,
Petorca, Illapel, Combarballa, Ovalle (il y en a plusieurs);
à Elqui, ceux de Marquesa, ceux de Chapilca, Paignano
et autres; à Copiapo ceux de Coipa, Zapallos et divers
autres ; à Vallenar et Freirina divers très importants,
Chañaral, Taltal et celui de Juncal et divers autres, et
enfin à Tarapaca.

L'exportation de minerais de cuivre et argent n'a pas
été considérable, ni de grande importance, parce que les
dépôts qui les renferment n'ont pas répondu complètement aux espérances de la spéculation; ainsi, l'exportation de minerais de cuivre et argent, dans la période
comprise entre 1851 et 1888 inclusivement, a été de
10,190,861 kilog., et celle de mattes de cuivre et argent,
dans la période comprise entre 1852 et 1888 inclusivement, a été de 77,313,871 kilog.

Quant aux minerais de plomb et argent, on ne peut
pas donner de chiffres certains, puisque la plus grande
partie de l'argent qu'ils contiennent a été exportée à l'état
d'argent en barre, et une grande partie du plomb reste

dans le pays à l'état de litharge pour servir de fondant et de moule à la fois pour l'extraction de l'argent des minerais qui contiennent peu de plomb, ou des minerais d'argent qui n'en ont pas. On a seulement exporté à l'état de minerai cru, de 1867 à 1888 inclusivement, 5,057,293 kilog., et en barres de plomb argentifère, dans la même période, 6,309,172 kilogrammes.